Título del libro:

"Todos los Huevos No Se Echan en la Misma Canasta"

Subtítulo: Diversifica: Estrategias para una Vida Plena

Prólogo

Vivimos en un mundo que cambia a un ritmo vertiginoso. Las certezas que antes parecían sólidas hoy se disipan en el aire, y las oportunidades surgen en formas inesperadas. En medio de este torbellino, surge una pregunta fundamental: ¿cómo podemos vivir de manera plena y equilibrada?

Este libro es un viaje hacia una respuesta sencilla pero profunda: diversificar. No solo diversificar nuestras fuentes de ingresos, sino nuestras experiencias, nuestras relaciones, nuestras habilidades, nuestra salud emocional y, sobre todo, nuestra capacidad de adaptarnos a los cambios de la vida.

Diversificar no es huir de la comodidad, sino entender que en la variedad está la verdadera seguridad. Este enfoque no solo te permite construir una vida más rica y satisfactoria, sino también protegerte cuando las circunstancias cambian, cuando los imprevistos aparecen o cuando el camino parece incierto.

Aquí no encontrarás fórmulas mágicas ni soluciones rápidas, sino estrategias prácticas y sabias para que puedas integrar la diversificación en cada área de tu vida. Este es un libro para aquellos que desean tomar el control de su destino, para quienes entienden que una vida plena no depende de una sola apuesta, sino de una multiplicidad de decisiones y caminos.

Introducción

En el fondo de nuestro ser, todos buscamos lo mismo: una vida plena. Pero a veces nos olvidamos de que alcanzar esa plenitud no es algo que se pueda lograr simplemente con esfuerzo, dinero o éxito. En realidad, se trata de algo mucho más profundo y complejo: la capacidad de vivir con equilibrio, adaptabilidad y opciones.

La metáfora de "no poner todos los huevos en la misma canasta" nos habla de la importancia de tener múltiples fuentes de seguridad, satisfacción y crecimiento. Cuando confiamos demasiado en una sola cosa, nos arriesgamos a que, si falla, nos derrumbe. Pero cuando diversificamos, nos permitimos tener más caminos, más oportunidades y más posibilidades.

Este libro es una invitación a explorar cómo podemos diversificar en cada área de nuestra vida para crear una existencia más rica, más segura, más dinámica. A través de cada capítulo, veremos cómo aplicar este principio en áreas clave como nuestras finanzas, nuestras relaciones, nuestra salud, nuestro tiempo y nuestra conexión con el propósito.

Cada capítulo está diseñado para ayudarte a pensar de manera diferente, para que puedas aplicar estas ideas de forma práctica y efectiva en tu vida cotidiana. No es un libro que te pida hacer cambios radicales de inmediato, sino un manual para hacer ajustes conscientes que te conduzcan a una vida más equilibrada, libre de miedos innecesarios, y abierta a todas las posibilidades que el mundo tiene para ofrecer.

Este es un libro para quienes desean avanzar, para quienes están listos para tomar decisiones que les permitan evolucionar, y para aquellos que están dispuestos a salir de la zona de confort y explorar nuevas maneras de ser, hacer y vivir.

Tabla de Contenido

Conclusión

Recursos y Herramientas Recomendadas

Capítulo 1

El Origen del Refrán: Sabiduría Popular, Aplicación Moderna

"Todos los huevos no se echan en la misma canasta" es un refrán popular que ha cruzado generaciones y culturas. Aunque su raíz es simple y visual —imagina que llevas todos tus huevos en una sola canasta y esta se cae— el mensaje que encierra es profundo: no pongas toda tu confianza, tus recursos o tus esperanzas en un solo lugar o dirección. El riesgo de pérdida total es demasiado alto.

Esta expresión tiene aplicaciones que van desde las finanzas hasta la vida emocional, profesional y espiritual. Su origen, aunque no del todo claro, se remonta a tradiciones orales transmitidas por campesinos, comerciantes y sabios de diversas partes del mundo. Con el tiempo, ha sido adoptada en el mundo de los negocios y las inversiones, pero su verdadero valor radica en cómo puede guiarnos en la vida diaria.

Vivimos en una era de cambios constantes: empleos que desaparecen, relaciones que se transforman, entornos que se vuelven inestables. En este contexto, la diversificación no es solo una estrategia inteligente: es una necesidad vital.

Aplicar esta sabiduría al mundo moderno implica comprender que no podemos apostar todo a una sola opción: ni un único empleo, ni una sola relación, ni un único sueño. La vida es un conjunto de áreas interconectadas que necesitan atención y equilibrio. Diversificar no significa dispersarse o perder enfoque, sino ampliar nuestras posibilidades, distribuir riesgos y fortalecer nuestra capacidad de adaptación.

Este libro nace de una convicción: quienes diversifican su vida viven con más estabilidad, plenitud y propósito. Aquí aprenderás a aplicar este principio en las finanzas, las relaciones, la salud, el desarrollo personal, la espiritualidad y más. Porque al final, tener varias canastas no solo protege nuestros "huevos", sino que nos permite explorar, crecer y prosperar.

Capítulo 2

Más Allá del Dinero: Diversificar para Vivir Mejor

Cuando escuchamos la palabra "diversificación", lo primero que nos viene a la mente suelen ser las inversiones, los negocios o las finanzas. Y aunque ciertamente es crucial en esos contextos, limitarla solo al dinero es desaprovechar todo su potencial transformador.

Diversificar es una filosofía de vida. Es aprender a no poner todos nuestros sueños, nuestras emociones o nuestras expectativas en un solo objetivo, persona o camino. Es cultivar múltiples fuentes de bienestar, crecimiento y realización.

Piensa en una mesa. Si tiene una sola pata, cualquier desequilibrio la hace caer. Si tiene cuatro, es mucho más estable. Nuestra vida funciona de la misma manera. Cuando basamos toda nuestra felicidad, por ejemplo, en una relación, un trabajo o una meta, corremos el riesgo de colapsar si eso falla. Pero cuando diversificamos nuestras fuentes de satisfacción y propósito, creamos una estructura más firme, más resiliente.

Diversificar es darte más de una oportunidad para ser feliz.

Esto no significa vivir distraído o superficial. Al contrario, es vivir con conciencia de que la vida está compuesta por muchas dimensiones:

- Salud física y mental
- Desarrollo personal y espiritual
- Trabajo y vocación
- Familia y amistades
- Tiempo libre y pasatiempos
- Aportes sociales y comunitarios

Cuando inviertes en más de un área, tu vida se enriquece. Incluso cuando una parte va mal, las demás te sostienen. Si pierdes un empleo, pero tienes una red de apoyo emocional, una actividad creativa y otras habilidades, el golpe será duro, sí, pero no definitivo. Habrá otras puertas, otras fuentes de energía para seguir adelante.

Diversificar es prepararte para los altibajos de la vida sin dejar que te arrastren.

En este libro verás cómo aplicar este enfoque en cada aspecto importante de tu existencia. Aprenderás que no se trata de evitar riesgos, sino de gestionar mejor tu vida para tener más herramientas, más opciones y más sentido de propósito.

Porque al final, vivir bien no es tenerlo todo en un solo lugar. Es tener suficiente en distintos lugares para sostenerte, levantarte y crecer cuando lo necesites.

Capítulo 3

Cómo la Diversificación Aumenta la Resiliencia Personal

La resiliencia es esa capacidad de recuperarse después de una caída, de mantenerse firme en medio del caos, de reconstruirse con más fuerza que antes. En un mundo impredecible, ser resiliente no es una opción: es una necesidad para sobrevivir y avanzar.

Diversificar es una de las herramientas más poderosas para desarrollar resiliencia. ¿Por qué? Porque te permite tener más de un pilar sobre el cual apoyarte. Es como construir una casa con varios cimientos: si uno se debilita, los otros siguen sosteniéndola.

Veamos algunos ejemplos de cómo la diversificación fortalece tu capacidad de recuperación:

- Perdiste tu empleo, pero tienes un pequeño negocio paralelo, conocimientos en otras áreas y una red de contactos. No partes de cero.
- Tu relación sentimental terminó, pero cuentas con buenas amistades, intereses personales, un propósito individual. El vacío no lo abarca todo.
- Fracasaste en un proyecto, pero tienes otros en marcha, aprendizajes que rescatar y apoyo emocional. El golpe no te define.

Cada área que diversificas —emocional, financiera, social, profesional— te da más herramientas para responder a los desafíos. La diversificación no evita el dolor ni el fracaso, pero te protege del colapso total y te da más caminos para reconstruirte.

Además, al diversificar, desarrollas flexibilidad mental. Te acostumbras a ver más de una opción, a pensar de forma creativa, a no quedarte estancado. Esa mentalidad abierta es clave en tiempos difíciles. Mientras otros se bloquean porque solo tenían un camino, tú encuentras nuevas rutas.

Diversificar es entrenar tu mente y tu vida para resistir, adaptarte y prosperar.

Y hay algo más: cuando diversificas, no solo te proteges de los golpes… también te abres a más posibilidades de éxito, de alegría, de descubrimiento. Una vida diversificada no solo es más resistente, sino también más rica y satisfactoria.

En los próximos capítulos aprenderás cómo aplicar esta lógica en tus finanzas, tus relaciones, tu carrera y tu bienestar. Pero antes, quiero que te hagas una pregunta poderosa:

¿En qué aspectos de mi vida estoy poniendo todos mis huevos en una sola canasta?

Identificar esto es el primer paso para construir una vida más plena, más estable y más resiliente.

Capítulo 4

No Dependas de una Sola Fuente de Ingresos

En el pasado, era común que una persona trabajara en el mismo empleo durante décadas, confiando plenamente en que ese ingreso sería suficiente para cubrir sus necesidades y garantizar su futuro. Hoy, esa realidad ha cambiado drásticamente. La estabilidad laboral es cada vez más incierta, y depender de una sola fuente de ingresos es un riesgo que no te puedes permitir.

Imagina que tu única fuente de ingresos desaparece de un día para otro: un despido, una enfermedad, una crisis económica. ¿Qué pasaría contigo?

Cuando solo tienes un ingreso, cualquier imprevisto puede dejarte vulnerable. En cambio, tener múltiples fuentes de ingresos es como tener varias canillas abiertas: si una se cierra, las demás siguen aportando.

Diversificar tus ingresos es una estrategia clave para la libertad financiera y la tranquilidad mental. Y no necesitas ser millonario ni tener una empresa para lograrlo. Puedes empezar desde donde estás, con lo que tienes.

Aquí te presento algunas formas de diversificar tus ingresos:

1.

Trabajo principal + ingreso adicional

- Puedes tener un empleo formal y desarrollar un emprendimiento pequeño en tu tiempo libre.
- Dar clases, vender productos, crear contenido digital o prestar un servicio específico son opciones viables.

2.

Ingresos pasivos

- Son aquellos que no dependen de tu presencia constante: ingresos por alquileres, regalías por libros, canciones o cursos online, inversión en dividendos o plataformas digitales.
- Requieren trabajo inicial, pero después pueden generar ingresos constantes.

3.

Freelance o servicios por proyecto

- Si tienes una habilidad (diseño, escritura, traducción, programación), puedes ofrecer tus servicios en plataformas digitales y atender clientes diversos.

4.

Negocios digitales

- Crear un blog, un canal de YouTube, vender productos digitales o físicos, ofrecer asesorías o consultorías virtuales.
- El mundo online ofrece múltiples formas de monetización, muchas de ellas accesibles desde casa.

5.

Inversiones inteligentes

- No necesitas grandes sumas para comenzar. Existen plataformas accesibles donde puedes invertir poco a poco en fondos, acciones, criptomonedas o bienes raíces colectivos.

La clave está en comenzar poco a poco, pero con visión. No se trata de agobiarte intentando hacer de todo, sino de ir construyendo fuentes alternas que te den seguridad y te acerquen a la libertad.

Además, cuando diversificas tus ingresos:

- Tienes más control sobre tu futuro.
- Te vuelves menos dependiente de factores externos.

- Abres nuevas posibilidades de crecimiento personal y profesional.

Recuerda: no pongas tu sustento en una sola canasta. Aunque hoy parezca suficiente, mañana puede no serlo. Tener varias fuentes de ingreso es una forma de cuidarte, proteger a los tuyos y construir una vida con más opciones y menos miedos.

Capítulo 5

Inversiones Inteligentes: Cómo Dividir tu Capital con Sentido Común

Invertir no es solo para ricos. Es, en realidad, una de las formas más efectivas de poner tu dinero a trabajar para ti. Sin embargo, hacerlo con inteligencia y sentido común es clave para evitar riesgos innecesarios y lograr que tus recursos crezcan de forma segura y sostenible.

Cuando se trata de inversión, la diversificación no es una recomendación opcional: es una regla de oro. ¿Por qué? Porque ningún activo es 100 % seguro. Cada tipo de inversión tiene su propio nivel de riesgo, rendimiento y tiempo de maduración. Apostarlo todo a una sola opción puede ser catastrófico.

¿Qué significa diversificar tu capital?

Es distribuir tu dinero en distintos tipos de inversiones, sectores o activos, de manera que si uno falla, los demás puedan compensar la pérdida.

Es como sembrar en varios terrenos: algunos darán fruto antes, otros después, pero siempre tendrás algo creciendo.

Principios básicos para una inversión diversificada e inteligente:

1.

Conócete a ti mismo como inversor

Antes de invertir, pregúntate:

- ¿Cuál es mi tolerancia al riesgo?
- ¿Qué plazo puedo esperar antes de necesitar este dinero?
- ¿Cuál es mi objetivo (ganancia rápida, ingreso pasivo, crecimiento a largo plazo)?

2.

Distribuye en distintas categorías

Aquí algunos ejemplos para empezar a diversificar:

- Corto plazo (alta liquidez, bajo riesgo):
    - Cuentas de ahorro de alto rendimiento
    - Certificados de depósito
    - Fondos del mercado monetario
- Mediano plazo (rendimiento moderado):
    - Bonos del gobierno o corporativos
    - Fondos indexados
    - Bienes raíces de bajo costo
- Largo plazo (más riesgo, mayor potencial de crecimiento):
    - Acciones en bolsa
    - ETFs (fondos cotizados en bolsa)
    - Inversiones en negocios o startups

3.

Evita poner todos tus fondos en moda o tendencia

Criptomonedas, acciones virales o promesas de retornos rápidos pueden ser tentadoras. Pero lo mejor es usar solo un pequeño porcentaje de tu capital en inversiones de alto riesgo.

4.

Haz seguimiento y ajusta tu portafolio

El mercado cambia, y tus necesidades también. Revisa tus inversiones cada cierto tiempo. Ajusta lo que no rinde, refuerza lo que funciona y mantén el equilibrio.

5.

Invierte en lo que entiendes

No pongas tu dinero en algo solo porque alguien te lo recomendó o viste un video en redes. Aprende, pregunta, estudia. Un inversor informado es un inversor empoderado.

Invertir con sentido común es un acto de responsabilidad. Es proteger lo que has ganado, mientras siembras para el futuro. No necesitas grandes sumas para comenzar, pero sí necesitas conocimiento, estrategia y paciencia.

Diversificar tu capital es diversificar tus oportunidades de crecimiento.

Capítulo 6

Ahorro y Emergencias: Tu Red de Seguridad

En el viaje hacia una vida plena y diversificada, hay un paso que no puedes saltarte: construir una red de seguridad financiera. Así como un equilibrista necesita una red debajo por si cae, tú necesitas un fondo que te sostenga cuando la vida dé un giro inesperado.

A menudo, se subestima el ahorro porque parece lento, poco emocionante o porque creemos que no podemos hacerlo con nuestros ingresos actuales. Pero el ahorro no se trata de cuánto ganas, sino de cuánto decides guardar. Es una decisión estratégica, no solo financiera, sino emocional: te da paz, confianza y poder de elección.

¿Qué es un fondo de emergencia?

Es una cantidad de dinero que reservas exclusivamente para situaciones imprevistas como:

- Pérdida de empleo
- Enfermedades o accidentes
- Reparaciones urgentes
- Emergencias familiares

Este fondo no se usa para vacaciones, compras ni caprichos, sino únicamente para momentos donde tu estabilidad está en juego. Es tu seguro de vida financiero.

¿Cuánto deberías ahorrar?

La regla general es tener entre 3 y 6 meses de tus gastos esenciales. Si tus gastos fijos mensuales son $500, entonces tu fondo ideal estaría entre $1,500 y $3,000.

Si tienes ingresos variables o responsabilidades mayores, conviene acercarse al límite superior.

Cómo construir tu fondo paso a paso:

1. Empieza pequeño pero constante: aunque solo puedas ahorrar $10 a la semana, hazlo. Lo importante es la disciplina.
2. Separa ese dinero en una cuenta exclusiva: que no esté a la vista ni de fácil acceso, pero que puedas retirar en caso necesario.
3. Hazlo automático: programa una transferencia automática mensual para que el ahorro se convierta en un hábito, no una decisión ocasional.
4. Evita tocarlo a menos que sea una verdadera emergencia. De lo contrario, se rompe su propósito.

Diversificación también aplica aquí:

No pongas todos tus ahorros en una sola cuenta. Puedes dividir tu red de seguridad en:

- Un fondo de acceso rápido (en el banco)
- Una reserva de medio plazo (cuenta remunerada o fondo conservador)
- Una caja de imprevistos menores (incluso en efectivo si es seguro hacerlo)

Tu fondo de emergencia es tu primer nivel de defensa. Antes de invertir, antes de expandir, primero protege. Porque nada da más libertad que saber que, si algo ocurre, estás cubierto.

Ahorrar no es privarse, es prepararse. Es una de las formas más simples y poderosas de diversificar tu tranquilidad. Es invertir en ti, en tu paz y en tu resiliencia.

Capítulo 7

Fuentes de Ingreso Alternativas y Creativas

En un mundo en constante cambio, depender únicamente del modelo tradicional de empleo es limitar tu potencial. Hoy más que nunca, existen maneras creativas, accesibles y adaptables de generar ingresos adicionales —formas que se ajustan a tus habilidades, intereses y estilo de vida.

Explorar ingresos alternativos no es solo una cuestión de necesidad, sino también de empoderamiento. Es abrir puertas, ganar independencia y descubrir talentos que tal vez nunca habías valorado.

¿Qué son los ingresos alternativos?

Son fuentes de dinero que no provienen de tu trabajo principal o salario fijo. Pueden ser pasivos, activos, ocasionales o recurrentes, pero todos tienen algo en común: te dan opciones.

Aquí te presento algunas ideas, muchas de ellas posibles sin grandes inversiones iniciales:

1.

Venta de productos digitales

- Libros electrónicos (ebooks), cursos online, plantillas, diseños, guías o música.
- Puedes crear una vez y vender muchas veces.
- Plataformas: Amazon KDP, Gumroad, Hotmart, Udemy.

2.

Creación de contenido

- Si tienes una voz, un mensaje o una habilidad, puedes compartirla en YouTube, TikTok, Instagram o podcasts.
- Con el tiempo, puedes monetizar con anuncios, patrocinios, membresías o donaciones.

3.

Economía colaborativa

- Alquiler de habitaciones (Airbnb), transporte (Uber), servicios por encargo (TaskRabbit, Fiverr).
- Aprovechas lo que ya tienes (una casa, un auto, una habilidad) para generar ingresos.

4.

Venta de productos hechos a mano o personalizados

- Si eres bueno con las manualidades, el arte o la cocina, puedes vender por redes sociales o plataformas como Etsy o Mercado Libre.

5.

Afiliación y marketing digital

- Promocionar productos de otros a cambio de una comisión.
- Necesitas crear confianza y una audiencia (aunque sea pequeña, pero fiel).

6.

Asesorías o mentorías

- Si tienes experiencia en un área específica, puedes cobrar por enseñar o guiar a otros: finanzas, nutrición, escritura, idiomas, organización, etc.

7.

Alquiler de bienes o recursos

- Desde una bicicleta hasta herramientas, equipos, tu cámara, una sala para eventos o incluso tu tiempo para hacer fila o resolver gestiones.

¿Por dónde empezar?

1. Identifica tus talentos ocultos: ¿Qué haces bien? ¿Qué te gusta? ¿Qué te preguntan tus amigos?
2. Empieza en pequeño: No necesitas renunciar a tu empleo actual. Usa el tiempo libre para probar ideas.
3. Prueba, ajusta y crece: No todo funcionará a la primera, pero cada intento te dará aprendizajes.
4. Sé constante y profesional: Incluso si es un ingreso extra, trátalo con seriedad. La constancia multiplica resultados.

Diversificar tus fuentes de ingreso es también diversificar tu identidad. Te permite ser más que tu profesión. Puedes ser creador, guía, emprendedor, artista, solucionador.

Y, lo más importante: te permite crear una vida con más libertad, propósito y estabilidad.

Capítulo 8

Evita la Trampa del Endeudamiento: Diversifica tus Soluciones Financieras

El endeudamiento, cuando no se maneja con inteligencia, es una de las principales causas de estrés, pobreza y estancamiento financiero. No se trata de demonizar el crédito, sino de comprender que no toda deuda es igual, y que la falta de diversificación en cómo enfrentamos los gastos y necesidades puede llevarnos a un ciclo sin salida.

Muchos caen en la trampa de pedir préstamos, usar tarjetas o recurrir a pagos a plazos simplemente por no tener alternativas. Diversificar tus estrategias financieras es lo que te permite tomar decisiones más equilibradas y sostenibles.

¿Cuándo la deuda se convierte en un problema?

- Cuando se usa para consumo inmediato y no para inversión o necesidad real.
- Cuando los intereses superan tu capacidad de pago.
- Cuando se convierte en una solución repetitiva para cubrir el mes.
- Cuando interfiere con tu capacidad de ahorrar o invertir.

Estrategias para evitar endeudarte de forma innecesaria:

1.

Construye un fondo de emergencia robusto

Como vimos en el capítulo anterior, esta es tu primera defensa. Si tienes ahorros, no necesitas crédito para enfrentar imprevistos.

2.

Planifica tus gastos grandes con anticipación

En lugar de usar cuotas para compras como electrodomésticos, estudios o viajes, crea un plan de ahorro previo. Puede tomarte más tiempo, pero te dará control total.

3.

Diversifica tus formas de pago

- Usa tarjetas solo si puedes pagar el total a fin de mes.
- Evita financiar todo con un solo crédito. Evalúa alternativas sin intereses o descuentos por pago en efectivo.
- Considera opciones de intercambio, trueque o compra de segunda mano en ciertos casos.

4.

Evita comprometer ingresos futuros

Cuando usas crédito hoy, estás usando el dinero del mañana. Pregúntate siempre:

¿Puedo pagar esto sin comprometer mis metas financieras?

5.

Invierte en educación financiera

Entre más entiendas sobre cómo funciona el dinero, los intereses, las condiciones contractuales y las consecuencias de las decisiones impulsivas, más preparado estarás para actuar con sabiduría.

¿Y si ya estoy endeudado?

Entonces diversifica tus soluciones:

- Negocia con tus acreedores: muchas veces hay opciones de refinanciamiento o reestructuración.
- Consolida deudas: unifica varias en una sola con mejores condiciones.
- Corta fugas de dinero: revisa tus gastos y elimina lo innecesario mientras pagas.
- Genera ingresos extra: vuelve a los capítulos anteriores y busca nuevas fuentes que te permitan avanzar sin seguir endeudándote.

Recuerda: endeudarte no es un pecado, pero vivir preso de las deudas es una elección que puedes empezar a cambiar hoy.

Diversificar tus soluciones financieras es pensar fuera de la caja, ver más allá del crédito fácil y construir tu bienestar desde la conciencia y la planificación.

Capítulo 9

Diversificación Profesional y de Habilidades: Sé Más que un Título

En un mundo que cambia constantemente, donde los trabajos de hoy pueden desaparecer mañana, apostar todo a una sola habilidad o profesión es un riesgo. Vivimos en una era donde la versatilidad y la capacidad de reinventarse se han vuelto activos de altísimo valor.

Diversificar tus habilidades no solo aumenta tus oportunidades, también fortalece tu seguridad profesional, tu confianza y tu valor en cualquier entorno. Ya no se trata de tener un solo título, sino de convertirte en una persona adaptable, multidisciplinaria y resiliente.

¿Qué significa diversificar tus habilidades?

Significa ampliar tu caja de herramientas profesional, aprendiendo nuevas competencias, desarrollando talentos y fortaleciendo capacidades que pueden ayudarte a:

- Generar ingresos de distintas fuentes.
- Adaptarte a nuevas oportunidades laborales.
- Emprender con mayor eficacia.
- Tener un plan B, C o D cuando el plan A falla.

Áreas clave para empezar a diversificar:

1.

Tecnología básica

- No necesitas ser programador, pero sí entender herramientas digitales, ofimática, redes sociales, plataformas de trabajo remoto, etc.
- Saber manejar la tecnología es hoy tan importante como leer y escribir.

2.

Comunicación efectiva

- Aprender a expresarte, ya sea hablando o escribiendo, te abre puertas.
- Hablar en público, redactar correos, crear presentaciones: habilidades útiles en cualquier campo.

3.

Idiomas

- Aprender otro idioma, especialmente el inglés, amplía tu alcance profesional y tu red de contactos.

4.

Habilidades blandas

- Liderazgo, trabajo en equipo, empatía, resiliencia, manejo del tiempo, resolución de conflictos… todas son cada vez más valoradas en cualquier entorno.

5.

Educación financiera

- Saber cómo funciona el dinero es una habilidad profesional. Te protege, te empodera y te prepara para emprender o invertir.

¿Cómo diversificarse sin agobiarse?

- Aprende por etapas: no tienes que convertirte en experto en todo. Un curso a la vez, un libro, una práctica.
- Apóyate en lo gratuito: hoy hay miles de recursos en línea (YouTube, Coursera, Khan Academy, podcasts, blogs…).
- Conviértelo en hábito: leer 10 minutos al día, practicar algo nuevo una vez por semana, participar en una comunidad… la constancia gana.
- Aplica lo aprendido: usa tus nuevas habilidades en tu trabajo, tus proyectos o tu vida diaria. Lo que se practica, se queda.

Tú eres más que tu título, tu carrera o tu trabajo actual.

Eres una fuente infinita de potencial que solo necesita ser explorada. Diversificar tus habilidades es una forma de crecer, no solo profesionalmente, sino como ser humano.

Capítulo 10

Salud Física y Mental: No Pongas Toda tu Energía en lo Material

En la búsqueda del éxito, el progreso y la estabilidad financiera, muchas personas cometen un error grave: descuidar su salud física y mental. Invierten todo su tiempo y esfuerzo en trabajar, producir y obtener, pero olvidan que sin salud, todo lo demás se tambalea.

Diversificar tu vida también significa equilibrar lo material con lo emocional, lo mental con lo físico. Porque de nada sirve tener múltiples fuentes de ingreso, habilidades o logros si estás agotado, enfermo o emocionalmente colapsado.

El pilar invisible de tu bienestar

La salud no siempre se nota… hasta que se pierde. Y cuando eso sucede, puede poner en pausa todo lo demás: tus proyectos, tus sueños, tu estabilidad.

Por eso, cuidarla no es opcional, es esencial. Es una inversión silenciosa que rinde frutos en forma de energía, claridad, resistencia, alegría y capacidad de actuar.

Diversificar tu enfoque de bienestar:

1.

Alimentación consciente

- No se trata de hacer dietas extremas, sino de elegir mejor: más natural, menos procesado, más hidratación, menos azúcar.
- Lo que comes afecta directamente tu energía, tu estado de ánimo y tu concentración.

2.

Movimiento diario

- No necesitas un gimnasio. Caminar, estirarte, bailar, subir escaleras, practicar yoga… todo suma.
- El cuerpo fue hecho para moverse. El movimiento libera tensiones, mejora el humor y fortalece tu salud física.

3.

Descanso verdadero

- Dormir bien no es un lujo, es una necesidad biológica.
- Un descanso reparador mejora la memoria, la productividad y el equilibrio emocional.

4.

Cuidado de la salud mental

- Escucha tus emociones. No reprimas lo que sientes ni te exijas estar bien todo el tiempo.
- Habla con alguien de confianza. Busca apoyo profesional si lo necesitas. Ir al psicólogo no es debilidad, es valentía.

5.

Tiempo para ti

- Espacios de ocio, silencio o conexión contigo mismo son tan importantes como el trabajo.
- Lee, medita, escribe, respira, sal a la naturaleza. Eso también es parte del progreso.

La trampa del "cuando tenga tiempo"

Muchos dicen: "Ya cuidaré mi salud cuando logre mis metas." Pero si no te cuidas ahora, puede que no llegues a verlas.

El cuidado personal no es una distracción del éxito. Es el camino hacia un éxito sostenible.

No pongas toda tu energía en lo material, porque la riqueza más grande es estar vivo, en equilibrio y en paz.

Tu salud es tu mayor patrimonio. Cultívala, protégela y dale prioridad. Porque una vida plena no solo se mide en resultados, sino en cómo te sientes mientras los construyes.

Capítulo 11

Relaciones y Redes de Apoyo: Diversifica tus Vínculos

Nadie crece solo. Nadie supera desafíos sin ayuda. Nadie alcanza el verdadero bienestar en aislamiento.

Las relaciones humanas son una de las formas más poderosas de riqueza. Y así como diversificas tus ingresos, tus habilidades o tus proyectos, también necesitas diversificar tus vínculos.

¿Por qué? Porque cada persona en tu vida puede aportarte algo distinto: apoyo emocional, sabiduría, inspiración, compañía, colaboración o impulso.

El peligro de depender de un solo vínculo

A veces, depositamos toda nuestra carga emocional, nuestras expectativas o necesidades en una sola persona: una pareja, un familiar, un amigo. Eso genera presión, desequilibrio y muchas veces, frustración.

Diversificar tus relaciones es abrir espacio para recibir y dar de manera más equilibrada. Es comprender que cada vínculo tiene un valor único, y que tú también tienes mucho que ofrecer.

Tipos de relaciones que enriquecen tu vida

1.

Relaciones emocionales

- Amigos, familia o personas cercanas con quienes puedes ser tú mismo, sin filtros ni máscaras.
- Te apoyan, te escuchan y están ahí en los momentos buenos y malos.

2.

Relaciones inspiradoras

- Personas que te motivan a crecer, te muestran nuevas formas de pensar o vivir.
- Pueden ser mentores, modelos a seguir o incluso autores, líderes o creadores de contenido que te nutren desde la distancia.

3.

Relaciones colaborativas

- Aquellos con quienes puedes trabajar, emprender, crear o construir juntos.
- Asociaciones donde hay respeto, confianza y visión compartida.

4.

Relaciones recreativas o sociales

- Amigos con quienes compartes hobbies, momentos divertidos o desconexión del estrés.
- Te recuerdan que la vida también es para disfrutar.

5.

Relaciones espirituales o de crecimiento personal

- Personas con quienes compartes búsquedas profundas, ya sea de fe, filosofía o propósito.
- Te ayudan a mantenerte conectado con lo esencial.

¿Cómo fortalecer y diversificar tus relaciones?

- Sal de tu burbuja: conoce nuevas personas, únete a comunidades o grupos afines.
- Cuida tus vínculos actuales: escucha más, juzga menos, ofrece tu tiempo.
- Sé recíproco: no solo pidas apoyo, también ofrécelo.
- Aprende a cerrar ciclos: si una relación ya no te suma, honra lo vivido y sigue tu camino.
- Busca calidad, no cantidad: no necesitas miles de amigos, sino lazos reales, sanos y significativos.

Las redes de apoyo son redes de contención, crecimiento y humanidad.

Diversificar tus vínculos es reconocer que no estás solo, que puedes pedir ayuda, y que el verdadero éxito se disfruta más cuando es compartido.

Capítulo 12

Tiempo Libre con Sentido: Diversifica tu Uso del Tiempo

Todos tenemos 24 horas al día, pero lo que hacemos con ellas marca la diferencia entre una vida vacía y una vida plena.

No se trata solo de trabajar o producir: también se trata de vivir, explorar, disfrutar y descansar con intención.

El tiempo libre no es tiempo perdido. Es un espacio valioso para reconectar contigo mismo, cultivar pasiones, cuidar relaciones, aprender algo nuevo o simplemente recargar energías.

Diversificar el uso de tu tiempo es darte permiso de vivir más allá de las obligaciones Es equilibrar el "hacer" con el "ser".

¿Por qué muchas personas descuidan su tiempo libre?

- Por creer que solo el trabajo es productivo.
- Por culpa, pensando que descansar es sinónimo de flojera.
- Por hábitos automáticos: pasar horas frente a una pantalla sin propósito.
- Porque nadie les enseñó a disfrutar del tiempo con sentido.

Cómo darle valor a tu tiempo libre:

1.

Haz espacio para lo que te gusta

- ¿Qué actividades te hacen sentir bien? ¿Qué solías disfrutar de niño o joven?
- Leer, pintar, cocinar, caminar, bailar, escribir, cantar, hacer manualidades, escuchar música…
- Tu tiempo libre es una oportunidad para reconectar con tu esencia.

2.

Planifica pequeños momentos

- No necesitas un día entero. 30 minutos bien vividos pueden transformar tu ánimo.
- Agenda momentos para ti igual que agendas reuniones o tareas importantes.

3.

Explora nuevas formas de ocio

- Prueba cosas nuevas: clases, talleres, caminatas, visitas culturales, juegos en familia…
- Diversificar tus experiencias te ayuda a salir de la rutina y expandir tu mente.

4.

Evita el ocio vacío

- Pasar horas desplazándote sin sentido por redes puede darte distracción, pero no satisfacción.
- Busca actividades que te llenen, no solo que te anestesien.

5.

Comparte tu tiempo

- A veces lo más enriquecedor es hacer algo con otros: cocinar en familia, jugar con tus hijos, hablar con un amigo, ayudar a alguien.

El descanso también es productividad

Recuerda: el descanso es parte del progreso.

Una mente despejada piensa mejor. Un cuerpo descansado rinde más. Un corazón feliz crea con más pasión.

Diversificar tu uso del tiempo no es llenar tu agenda, es darle sentido.

Tiempo con propósito, con calma, con alegría, con libertad.

Esa es una forma silenciosa de plenitud.

Capítulo 13

Espiritualidad y Propósito: Diversifica tu Conexión Interior

En medio del ruido del mundo moderno —trabajo, redes, logros, noticias, problemas— muchas personas se sienten desconectadas. Cumplen tareas, alcanzan metas, pero no sienten plenitud.

¿Por qué? Porque han descuidado su vida interior, su conexión con algo más grande, su propósito profundo.

Diversificar tu vida también implica cultivar tu dimensión espiritual, sin importar tu religión o creencia. Se trata de conectar con tu esencia, con lo que da sentido a tu existencia, con aquello que te hace sentir en paz, en coherencia, en propósito.

¿Qué es la espiritualidad?

No es necesariamente ir a un templo ni seguir un dogma.

Es el arte de mirar hacia adentro.

Es buscar respuestas más allá de lo material.

Es preguntarte:

- ¿Quién soy realmente?
- ¿Para qué estoy aquí?
- ¿Qué quiero dejar en el mundo?

El poder de vivir con propósito

Cuando tienes un propósito, cada decisión se alinea con lo que realmente importa.

No te pierdes en lo superficial. No trabajas solo por dinero. No haces cosas solo por costumbre.

Vivir con propósito da dirección, enfoque y sentido.

Y lo mejor es que el propósito no es algo que se busca afuera, sino que se descubre adentro.

Surge de tus talentos, tus pasiones, tus valores y tus experiencias.

Cómo nutrir tu conexión espiritual

1.

Busca espacios de silencio

- Apaga el ruido. Escúchate. El silencio es un portal hacia tu interior.

2.

Medita, reflexiona o reza

- Elige la práctica que resuene contigo. Lo importante es que te permita reconectar y calmarte.

3.

Escribe un diario de gratitud o introspección

- Pregúntate cómo te sientes, qué te inspira, qué deseas cambiar, qué aprendiste hoy.

4.

Acércate a lo que te eleva

- Naturaleza, arte, libros, música, personas sabias… todo lo que te haga sentir conectado y en paz es espiritualidad.

5.

Vive con coherencia

- Actúa en sintonía con tus valores. Sé honesto contigo y con los demás. La espiritualidad también se refleja en cómo tratas a los otros y a ti mismo.

Diversifica tu conexión interior

No pongas toda tu energía solo en el hacer. También necesitas SER.

Y ese ser interior, cuando está nutrido, puede sostenerte en cualquier tormenta, motivarte en cualquier desafío, y guiarte hacia una vida más plena, significativa y auténtica.

Capítulo 14

Adaptabilidad y Cambio: Diversifica tu Capacidad de Evolucionar

El mundo cambia constantemente. Las tecnologías avanzan, los mercados fluctúan, las relaciones evolucionan, las crisis aparecen sin previo aviso.

En ese contexto, la adaptabilidad no es una opción, es una necesidad. Y al igual que diversificas tus ingresos o tus conocimientos, también necesitas diversificar tu capacidad de respuesta ante el cambio.

La adaptabilidad es la habilidad de reinventarte sin perder tu esencia. Es ajustarte sin rendirte. Es fluir con inteligencia en lugar de resistir con miedo.

¿Por qué resistimos el cambio?

- Porque nos da seguridad lo conocido.
- Porque tememos fallar o perder algo.
- Porque creemos que no estamos listos.

Pero la verdad es que nunca estamos completamente listos, y sin embargo, podemos aprender, mejorar y avanzar.

Diversificar tu mentalidad frente al cambio

1.

Cambia la pregunta

No te preguntes "¿por qué me pasa esto?", sino "¿para qué me pasa esto?".

Este simple giro mental transforma la queja en aprendizaje.

2.

Sé flexible, no rígido

Las estructuras muy rígidas se rompen. Las flexibles se ajustan y resisten.

Permítete cambiar de opinión, de enfoque, de camino... si es necesario.

3.

Desarrolla una mentalidad de crecimiento

Cree que puedes aprender, mejorar, adaptarte.

Los errores son parte del proceso, no un reflejo de tu valor.

4.

Anticípate al cambio

No esperes que todo colapse para actuar. Observa las señales, mantente actualizado, prepárate.

5.

Confía en tu capacidad de reinventarte

Tú no eres una sola versión de ti mismo. Eres un proceso en evolución.

Y cada cambio puede ser una oportunidad para convertirte en algo mejor.

El cambio no siempre es cómodo, pero casi siempre es necesario

La vida está en constante transformación. Aquel que se adapta, prospera. Aquel que se resiste, sufre.

Diversificar tu capacidad de evolucionar es mantener tu corazón abierto, tu mente despierta y tu actitud lista para avanzar, aunque el camino cambie.

Capítulo 15

Seguridad y Riesgo: Diversifica sin Apostarlo Todo

La vida es un equilibrio constante entre buscar seguridad y atreverse al riesgo. Querer estabilidad no es malo, pero quedarse estancado por miedo sí lo es.

Del mismo modo, arriesgar sin evaluar, sin estrategia ni límites, puede traer consecuencias dolorosas.

Diversificar no significa apostar a lo loco. Significa tener opciones, calcular, y tomar decisiones inteligentes. Es diseñar una red que te sostenga si algo falla, pero también tener alas para intentar algo nuevo cuando lo necesites.

La ilusión de la seguridad total

Muchas personas viven atrapadas en la zona de confort por una promesa de seguridad:

- Un trabajo "estable" que no disfrutan.
- Una rutina que los protege del miedo, pero también los aleja del crecimiento.
- Una sola fuente de ingreso o de sentido.

Pero nada es completamente seguro. Ni siquiera lo que parece fijo.

Y por eso, la verdadera seguridad está en lo que tú puedes construir, aprender y sostener en diferentes escenarios.

El valor del riesgo consciente

El riesgo no es enemigo de la seguridad, es su complemento.

- El riesgo impulsa el crecimiento.
- Te saca del estancamiento.
- Te obliga a confiar en ti.
- Y te abre caminos que la comodidad nunca te mostrará.

Lo importante es que sea un riesgo medido, pensado, alineado con tus valores y posibilidades.

Cómo diversificar entre seguridad y riesgo

1.

Evalúa tus pilares de seguridad

- ¿Tienes un fondo de emergencia?
- ¿Tienes habilidades transferibles?
- ¿Cuentas con apoyo emocional o redes de respaldo?

2.

Asume riesgos graduales

- No necesitas dejar todo para empezar algo nuevo. Puedes comenzar en paralelo, a pequeña escala, con pruebas, sin presión.

3.

Sé estratégico

- Investiga, planifica, asesórate. No actúes solo por impulso.

4.

Acepta que fallar es parte del proceso

- No todo saldrá perfecto. Pero incluso un intento fallido te deja aprendizajes valiosos.

5.

Confía en ti

- Cuanto más te conoces, más seguridad interna desarrollas. Y eso te permite arriesgar con valentía y responsabilidad.

La verdadera estabilidad nace de la preparación, no del miedo

No pongas todos tus sueños en una sola vía ni todas tus esperanzas en una sola solución.

Diversificar entre seguridad y riesgo es construir una vida sólida, pero abierta al cambio.

Es saber cuándo protegerte y cuándo lanzarte. Y sobre todo, es vivir con equilibrio, sin extremos, pero con decisión.

Capítulo 16

Conclusión: Una Vida Plena es una Vida Diversificada

Al recorrer las páginas de este libro, exploramos distintas áreas fundamentales de la vida: finanzas, habilidades, relaciones, salud, tiempo, propósito, emociones, adaptabilidad y más.

En cada una de ellas, el mensaje fue claro: no pongas todos los huevos en una sola canasta. Diversifica.

¿Por qué?

Porque la diversificación es sinónimo de equilibrio, de prevención, de crecimiento, de apertura.

Porque al diversificar no solo te proteges del fracaso, te acercas más a la plenitud.

Vivir plenamente no es una fórmula rígida

No se trata de tenerlo todo perfecto ni de lograr todos los objetivos.

Se trata de vivir con conciencia, con intención, con apertura al cambio y al aprendizaje constante.

Se trata de no depender de un solo ingreso, de una sola idea, de una sola persona, de una sola versión de ti.

Es construir una vida con varias fuentes de alegría, de sentido, de oportunidades.

¿Qué significa realmente una vida diversificada?

- Una vida donde no te derrumbas si algo falla.
- Una vida donde tienes opciones para reinventarte.
- Una vida donde el fracaso de un área no define tu valor total.
- Una vida donde disfrutas de lo amplio, de lo nuevo, de lo auténtico.

Diversificar es un acto de sabiduría

No es dispersarte, es fortalecerte.

No es miedo, es estrategia.

No es desconfianza, es visión.

Y sobre todo, es un acto de amor propio: porque eliges cuidarte, expandirte y permitirte vivir con más libertad y menos miedo.

¿Cuál será tu próximo paso?

Este libro no es un final, es un punto de partida.

Un llamado a la acción.

Una invitación a que tomes las riendas de tu vida con más consciencia y amplitud.

A que revises tus áreas clave, que evalúes tus canastas, y que empieces a distribuir mejor tus recursos, tu energía y tu esperanza.

Tú mereces una vida rica, completa, equilibrada.

Una vida verdaderamente plena.

Y esa vida comienza cuando eliges diversificar.

Agradecimientos

Escribir este libro ha sido un viaje profundo, retador y enriquecedor. No podría haberlo logrado sin el apoyo y la inspiración de muchas personas que, de una forma u otra, han dejado una huella en mi camino.

Gracias a mi madre, por ser mi pilar, mi fuerza y mi constante recordatorio de que, incluso en los días más difíciles, siempre hay razones para seguir.

A mis hijos, por ser mi motor, mi mayor inspiración y la razón por la que nunca me rindo. Todo lo que soy y lo que hago tiene sentido porque existen en mi vida.

A mis lectores, seguidores y a todas las personas que han creído en mi trabajo, aunque fuera en silencio. Sus mensajes, su presencia, sus palabras de aliento han sido combustible para este proceso creativo.

A quienes me cerraron puertas: gracias también. Porque cada obstáculo me obligó a crecer, a reinventarme y a descubrir nuevas formas de avanzar.

A la vida misma, por enseñarme que la verdadera plenitud no está en tenerlo todo, sino en saber construir con lo que se tiene, diversificar lo que somos y vivir con propósito, incluso cuando el camino parece incierto.

Este libro es para ti, lector, que buscas más que una sola opción. Que no te conformas con una sola canasta. Que entiendes que la vida plena se construye con decisión, con sabiduría, y con una mente y un corazón abiertos a todas sus posibilidades.

Gracias de corazón.

Sobre la autora: Rumini Peña

Rumini Peña es una escritora dominicana apasionada por la naturaleza, la creatividad, el aprendizaje constante y la búsqueda de una vida auténtica. Su experiencia como madre, creadora digital y mujer resiliente ha sido el motor que impulsa su escritura: cercana, real, inspiradora y transformadora.

Desde muy joven ha sentido un profundo llamado por expresar ideas que conecten con las emociones, los sueños y los desafíos cotidianos de las personas. A través de sus libros, Rumini invita a sus lectores a descubrir su valor, a superar los obstáculos y a construir una vida más plena, con sentido y propósito.

Su estilo combina sensibilidad, reflexión y acción práctica. Entre sus obras se destacan títulos como Despierta tu Potencial, Rompiendo el

Silencio: Viviendo con la Depresión, Criando Hijos Felices y Los Guardianes de los Sueños, todos escritos desde el corazón y con el deseo de acompañar a quienes buscan crecer y sanar.

En el mundo digital, Rumini también comparte contenido en redes sociales, donde conversa con su comunidad sobre temas como la escritura, la maternidad, el desarrollo personal y la superación.

Cree firmemente que cada día representa una nueva oportunidad para avanzar, reinventarse y sembrar esperanza en uno mismo y en los demás.

"Todos los huevos no se echan en la misma canasta: Diversifica" refleja su convicción de que vivir plenamente no es cuestión de suerte, sino de estrategia, conciencia y valentía.

www.ingramcontent.com/pod-product-compliance
Lightning Source LLC
Chambersburg PA
CBHW071002290526
45795CB00005B/1754